AF580391

LA AURORA DEL CORAJE

Patricia Temple

EDIQUID

LA AURORA DEL CORAJE

Editado por: Corporación Ígneo, S.A.C.
para su sello editorial Ediquid
Av. Arequipa 185 1380, Urb. Santa Beatriz. Lima, Perú
Primera edición, junio, 2023

ISBN: 978-612-5078-95-7
Impresión bajo demanda

Hecho el Depósito Legal en la Biblioteca Nacional del Perú N° 2023-03773
Se terminó de imprimir en mayo del 2023 en:
ALEPH IMPRESIONES SRL
Jr. Risso Nro. 580 Lince, Lima

www.grupoigneo.com
Correo electrónico: contacto@grupoigneo.com
Facebook: Grupo Ígneo | Twitter: @editorialigneo | Instagram: @grupoigneo

Colección: Nuevas Voces

A quien me pregunta
cuántos amores he tenido
le respondo que mire
en los bosques para ver
en cuántas trampas
ha quedado
mi pelo.
Alda Merini, «Huida de loba»

1

Estiro lentamente mis extremidades de potranca, alzo mi fino
cuello de cisne,
despliego las alas,
sacudo febril el polvo del invierno, levantando una polvareda
alrededor.

A la primera corriente, emprendo vuelo.
Al viento,
mis alas crecen poderosas. Sobrevuelo primero mis malecones,
aquellos de belleza pura,
donde aprendí a amar. Quebradas estrechas, de tiempos felices,
cuando la libertad era nuestra, el tiempo infinito.
Planeo bajito, casi al ras del mar, me embriago de la brisa y el
mar. Océano mío, azul, rotundo,
bordado de espuma como sonrisas de niñas,
las olas aplauden la arena en un rítmico vaivén.
Retorno a casa.
El alma henchida
a espera, el verano.
Mañana volaré más lejos.

2

En aquel tiempo,
la sonrisa brillaba en la orilla de mis labios.
Éramos libres y ligeros,
el rugido bronco de las motos,
la velocidad era galopar un caballo fiero,
mi cabellera azul al viento.
La libertad embriagaba mi sangre,
pintaba carmesí mi rostro.
Eran días de poesía.
El sol pastaba en mi piel.
Galopaba los días, salvaje y pura.
Y mi canto era un estruendo feliz.
El eco de las olas de aquel malecón.

3

A José Rosas Ribeyro
In memorian

El tedio se instala en mi vientre,
astilla mis costillas,
hiere mis pupilas.
Agobio tenaz de días opacos.
Ensayo una sonrisa de mentira,
engaño a la tristeza,
vestida de flores.
Arranco de cuajo la soledad,
adherida a mi piel.
Es en vano.
La tristeza es tenaz.
Hiere desde el tuétano,
recorre mis venas,
fluye densa por la osamenta.
Derrotada, evoco tu nombre.
Clamo por tu partida, José.
Aúllo al silencio.

4

Antes del alba,
transito entre las tinieblas,
como un insecto.
Recorro sinuosa hechos pretéritos.
Acaricio ilusiones, bordo esperanzas.
En la oscuridad,
brillan los ojos de mi padre.
Escucho sus pasos leves,
la voz dulce, que ríe.
Está a mi lado cuando me ejercito,
al arreglar la ropa limpia.
En la absoluta soledad,
es mi compañía.
Amo la madrugada,
es silente, calma y misteriosa.
Soy la gobernadora de su magia.
Escribo poemas dictados por las estrellas,
en un cielo que insiste en aclarar.
Contemplo el milagro de la aurora.
La lucha de la claridad contra la nocturnidad.
Estallan los rayos dorados del sol.
Son las primeras luces y son mías.
Por derecho propio,
míos los cantos primeros de las aves.
Fue una noche intensa.
Me tiendo a descansar.

5

En aquellos días,
el cielo era un espejo reluciente;
un celeste translúcido,
cegador de pupilas;
una delgada estela de polvo estelar
y espuma de magia.
Es mi cielo de verano rotundo,
cielo intenso de febrero y marzo.
Bello cielo estrellado.

6

Con el viento a mi favor, emprendo vuelo rasante hacia el azul cielo.
Las nubes son almohadas blancas, algodón dulce para degustar.
Juego feliz una guerra con ellas.
Chocamos entre nubes, aves en una batalla divertida.
Reímos felices hasta que la nube más pequeña se estrella contra una nube gorda y empalidece. Llora, finas gotas de lágrimas tornan en llovizna a la tierra.
Retomo el vuelo por el infinito, escoltada por las aves del paraíso.
Soy tan libre que el firmamento ríe conmigo, vistiendo un celeste rabioso.
Beso la curva de la luna, soñolienta, me inclino en reverencia al rey sol, quien me guiña un ojo. Yo bailo coqueta para él.
Es hora de volver a la pálida realidad, a aquel lugar lúgubre donde la gente ya no sonríe, y perdió los sueños contando monedas bajo la cama.
Los poetas no cotizamos, pero somos ricos en fantasía y amor.
Libres e irreverentes, somos aves, trigo y sol.

7

En la madrugada reinan el silencio y la oscuridad.
Soy libre como una hormiga paseando por los rincones,
escudriñando cajones, bailando a mi ritmo.
Descubro verdades.
Sueño despierta.
Recuerdo a seres que me olvidaron, y los pierdo
en el océano de la memoria.
Me enamoro de aquellos amores que nunca fueron y acaricio
sus rostros.
Leo poesía, escribo poemas de amor.
El desamor, el rencor y la amargura fueron arrojados a una pira
de fuego hace mucho.
Practico deporte por horas.
Recibo visitas.
La mirada clara de mi padre brilla en lo oscuro.
Conversamos sin hablar.
Nos reímos mucho, hablamos de deporte.
Le recuerdo que él me enseñó a leer en la página deportiva del
diario.
Amanece, los primeros trinos de las aves ahuyentan a los ojos
de mi padre.
La aurora estalla en mil rayos rojos, amarillos, naranjas.
El cielo es dorado y añil.
Las aves cantan su sinfonía mágica.
La claridad me arroja a una realidad opaca.
Es hora de dormir.

8

Deshojo las capas de piel de durazno, que envuelve mi alma.
Fina, delicada, es tímida, pero sabe de pasiones.
Conoce de heridas, que ostenta orgullosa, pero ya no las cuenta.
Mi alma está enferma de fragilidad crónica.
Sin embargo, ha librado duras batallas.
Ha enfrentado el rechazo de los seres y ha burlado al mundo a su real gana.
Es solitaria, pero cuenta con amigos lejanos.
Su alimento es la poesía. Ella escribe lo que le viene a la mente.
Y sobre lo que le viene en gana.
A todas horas. Es su lenguaje para comprender a los humanos.
Mi alma es rebelde, sufre de adolescencia tardía y es libre como el aire.
Olvida pronto, no conoce el rencor
Quien atrape mi alma debe tener sumo cuidado.
Sufre de sensibilidad aguda, es ingenua como una niña y ama intensamente y con locura.
Puede morir de amor.

9

Mi vida fluye como un río,
brilla la poesía entre sus aguas cristalinas.
Es mi diamante, mi joya preciosa.
Escribo al alba, por las mañanas y tardes.
En cualquier instante, me sorprende la voz.
Un sonido interno dicta mis versos.
Hablan desde el alma o por un resquicio de la mente.
No lo sé. Es un misterio.
Al escribir, descargo un peso de mi pecho.
Las ideas vuelan como aves en torno a mi cabeza y, posesa,
escribo.
Llegan mansas olas de recuerdos añejos,
hechos felices, momentos de horror.
Días de una vida intensa, incomprendida, solitaria.
Tan solo la poesía, la prosa poética, me hacen profundamente
feliz.
Una felicidad perseguida, desesperada, demente y sangrienta.
La Poesía es mi felicidad,
aquella que palpo cada día cuando escribo o leo.
Mi alegría plena.
Al fin, la paz no me es esquiva.

10

Las paredes me oprimen.
Apenas respiro.
Mi cabeza pesa un quintal.
Un dolor intenso hiere el alma.
Ansiosa, clamo por una mano amiga.
Alguien que alivie mi pesar,
el desamparo
que me habita.
La soledad adherida a la piel.
Alguien que invente una sonrisa,
cree la risa, una carcajada,
dibuje el sol, una lluvia de estrellas.
La felicidad solo mía.

11

Una llaga brota en medio de mi pecho.
Cada día crece más.
Pronto abarcará el torso,
las costillas, mi cintura.
Examino en secreto mi herida.
Es roja y llora sangre.
Nadie la ve.
Clamo por ayuda.
Nadie escucha nada.

12

Escucho tu voz a la distancia.
Aquel sonido, como tañido de campana,
que tanto amé.
La lejanía, la distancia, nos extraviaron.
Te añoro cada hora, cada día es tuyo.
Imagino tus manos, tu penacho gris,
la boca amplia como el horizonte.
La risa estallaba como una fiesta,
celebrando la vida y el amor.
Te recuerdo intenso y genial,
risueño, encantador.
Fuiste mi Poeta,
el señor de mi alegría.
Me enseñaste la felicidad y el amor.
Derrotada por la tristeza, escribo.
Escribo lánguidos poemas de amor.
Y te espero, siempre te espero.

13

Aquel beso,
intenso, repentino,
descubrió un universo fascinante.
Recorrí el cosmos, ida y vuelta.
Vértigo de muerte y vida.
Las estrellas danzaban en torno mío.
Extravío a un mundo mágico desconocido.
El deseo, la pasión, gobernaron mis días,
desde aquel beso.

14

En aquel tiempo,
mis padres me desterraron a un rincón.
Era la deshonra de la familia.
El divorcio era la cruz de las familias de Lima.
Criticada, mal vista, mis propias amigas me apartaron.
Sola contra una sociedad injusta y cruel.
Mi culpa: pedir el divorcio a los 20 años.
Yo era incapaz de vivir con un marido sin amor.
Costó sangre y lágrimas defender mi decisión.
Causé sufrimientos terribles,
cicatrices que no se borraron del alma de mis niños.
Cargué con la culpa, como un madero con espinas.
Salí de mi casa a ejercer la libertad,
Conocí la soledad, coleccioné amores.
Transité la felicidad y el dolor.
Conocí gente maravillosa y siniestra.
Sufrí cataclismos y luché, siempre luché por mis convicciones
erradas o correctas.
En el camino, solo mi padre perdonó mis locuras.
Perdí el cariño de mis hijos.
Un castigo que me hiere día por día.
Fue el alto precio que pagué por librarme de una sociedad
hipócrita, represiva.
Hoy vivo en paz,
lejos de aquellos sometidos a las convenciones sociales.
Soy poeta, soy feliz.

15

Si yo no fuera presa de la pasión,
si esta no me gobernara
de la cabeza a los pies,
mi mente razonaría con claridad.
Mis pies no caerían en el fango de la pasión.
Ni calcinaría mi piel,
el amor extraviado.
No cometería actos irracionales,
ni amaría hasta el extravío,
perdida en la irremediable demencia.
Debería amar con prudencia.
Al hombre adecuado.
Aquel rutinario oficinista, escaso de interés.
Ajeno a mi temperamento ardiente,
a mis desvaríos de poeta.
No es recomendable amar a un poeta.
Ambos sucumbirían a una pasión desenfrenada.
Sería mortal.

16

Mi cabeza es una tea.
No pienso, no escribo.
Pesa el vaho caliente.
La humedad pegajosa.
Arden la piel, mis músculos,
las extremidades,
hasta mis pies sufren el castigo.
Derrotada por un sol inclemente,
no duermo, no como.
Doy la espalda al amor.
Y en mi extravío,
mudo el lecho a la ducha.
Vivo bajo el chorro de agua.
Noche y día.

17

Si tú quisieras,
yo deshojaría las capas,
que cubren mi alma.
Esa delicada película
guarda mis sentimientos,
las emociones.
Y entrego cuando escribo.
Al amar a un hombre, a una amiga.
A un libro.
Tiene un grave defecto.
Se entrega sin conciencia,
Se vuelca íntegra por la emoción.
Y se equivoca,
siempre se equivoca.
Entonces, sufre mucho,
lágrimas de sangre.
Mi alma aún no comprende
que existe la maldad,
el interés malsano,
las miserias,
que ostentan muchos seres.
Si yo te doy mi alma,
cuídala como una piedra preciosa.
Es frágil, crédula como una niña.
Sensible, juguetona.
La ternura la domina.

Clara y generosa.
Un maltrato, el desamor, una traición,
la hieren en el nervio más agudo.
Su dolor la lleva a orillas de la muerte.
Cuídala, es pura.
No conoce maldad.

18

Bajo mi piel de seda,
en medio del pecho,
habita una espina.
Rasga el alma.
Es el tormento
que corroe mis entrañas,
oscurece mis días,
apaga la luz de mis pupilas.
Y no tiene remedio.
Mil veces rogué por su perdón.
Ellos no guardan rencor, eso dicen.
Mantienen una distancia helada.
Era muy niña entonces.
Crecieron en las faldas de la abuela.
Y ella alentaba mis estudios, el trabajo.
Son madrugadas como hoy
cuando extraño a mis niños de sol.
Y no sé nada de ellos.
Espío el discurrir de sus días en internet.
Late grave la culpa.
Muerde los días bisiestos.
Las fiestas, los cumpleaños.
El error es irreparable.
Culpable, asumo el castigo.
Perdí a mis niños y a sus niños.
Ardua tarea la de vivir alejada de los míos.

19

Transité calles, avenidas.
Devoré kilómetros de asfalto.
Rompí mi calzado,
pinté mis labios de cal.
Sin luz en mis pupilas,
extraviada de mí misma,
supe de miedo y soledad.
Hincada por un dolor infame,
arranqué de cuajo mi piel.
Creció una capa nueva,
suave y tersa en mi cuerpo.
Enrumbé mis pasos hacia las estrellas.
Luminosas auroras incendian mi alba.
La alegría, el amor,
la poesía, alumbran hoy mis días.

20

Hace días no escribo sobre ti.
Espíritu Invisible.
Vives en mi memoria,
en el costado de mi cintura,
enquistado entre mis costillas.
Palpitas, intenso, bajo mi piel tersa.
Eres la sangre furiosa que me recorre.
La sed que no se aplaca,
los labios de mi deseo.
Eres tú, Poeta, el dueño de mis sueños.
Mi Espíritu Invisible,
Gobernador de mi alegría,
Señor de la melancolía.
Vuelve ya
a desatar mi risa,
alborotar mi cabellera azul.
A escribir engarzados
en cuerpo y alma.
Te añoro en las horas oscuras,
en los días de sol.
Añoro tu risa enlazada a la mía.
Te extraño, Señor de mi alegría.
Amante Espíritu Invisible

21

A Leoncio

Amor, a ti te debo la felicidad.
Tú me rescataste de la desesperanza y la soledad huyó lejos.
Me llevaste a un hogar cálido,
un departamento de muñecas,
donde vivo entre libros y poemas.
Tu amor abriga mis días negros.
Tu alma y la mía laten al unísono,
como un reloj fino.
Amor, por favor, cuídate.
Sin ti, marchitan mis días,
se apaga la luz de mis ojos.
Mi voz callaría por siempre.
Yo sé que juegas a burlar la muerte.
Te encanta correr por sus recovecos,
esconderte y luego salir a reír de ella.
Cuídate, mi niño, la muerte tiene pasos leves.
No abuses de tu fortaleza, que ya no es tal.
Te amo, porque haces que ría.
Sin ti, volvería a vagar en las madrugadas.
Nada consolaría tu pérdida,
mi niño hermoso, mi niño de palo.

22

Uno de estos días,
aplacaré mi sed de ti.
El deseo no morderá más mi piel,
ni tu nombre girará en mi mente
incandescente, tenaz.
Una tarde de llovizna,
una noche insomne,
arribará el olvido,
descenderá la paz.

23

En aquel tiempo,
éramos estrellas fugaces incendiando el cielo.
Girando sin eje por el universo,
ardíamos sin pudor,
de tan solo rozar la piel.
Amarnos era detener el tiempo,
sumergirnos en una pasión desquiciada.
Sed insaciable de tu cuerpo,
de tus labios oscuros.
Atados en cuerpo y alma,
nos amamos fieros y dulces,
intensos y tiernos.
Presos del deseo incontenible,
nos desgarró el adiós.
El azar nos reúne cada cierto tiempo.
Estalla la pasión en la misma habitación de entonces.
Mi muchacho moche.
Inolvidable amor.

24

Me abres en dos,
salas mi carne,
cecina soy.
Me engulles
de un bocado,
atacas mi carne, grosero.
Colmas carrillos,
la papada fláccida,
masticas apenas
—tal es tu ansiedad—,
atoras la glotis,
toses fuerte,
ahogado.
A manotazos
pides, clamas, aire.
Te asfixias,
te ahogo.
Escupes,
salpicas saliva.
Lloviznas sucio.
Matón,
desgraciado,
ruedo por el piso.

25

Rasgué mis párpados,
cercené mi cabellera.
Una cicatriz cruzaba mi rostro.
Fui desterrada de mi propio jardín,
apartada de los míos.
Motivos de salud, decías.
Viví confinada en el desierto.
Borraste mi nombre del universo.
Me arrojaste al olvido sempiterno.
En vano.
Broté como la mala hierba,
aquella que renace tenaz
si se arranca contra su voluntad.
Soy flor, cisne, ave, águila poderosa.
Remonto vuelo hacia el infinito azul.
Poeta de versos ardientes.
Mis sueños, inmunes a tu plaga.
Amo y me aman.
Aprendí la felicidad sin dinero.
Arrojé tu recuerdo a un pozo hondo.
A tu pesar.
Yo olvidé tu rostro.
La fría voz impostada.
Nada, ni rencor causas ya.

26

La felicidad existe.
Soy una fiel creyente de aquella emoción embriagadora.
Rotunda, demoledora, intensa.
Sentí sus latidos como golpes en mi pecho.
Palpé su piel brillante,
su belleza deslumbró mis pupilas.
Mas la felicidad es esquiva, caprichosa, fugaz.
Mimada, como la señorita que es.
Se escurre entre los dedos.
Huye sin mirar atrás.
Yo la conocí temprano en los ojos de mi padre.
Cuando llegó él, supe que mi vida universitaria
daría un vuelco.
Él era mi profesor, aprendí lecciones inéditas, inolvidables.
Conocí la maravilla del primer amor.
Me guio por los malecones de Martín Adán.
Nos besábamos en las estrechas quebradas
de Barranco.
Aprendí a amar la justicia social.
Alquilamos un cuartito frente a un mar calmo.
Mi pecho, a punto de estallar de tanta felicidad,
se estrelló estrepitoso, como los vidrios de un mostrador.
La realidad abofeteó mi rostro de niña.
Él huyó para siempre.
Lo recuerdo con cariño.
Conocí la felicidad, el amor, los malecones.

27

En aquellos días,
solo el perfume de tu piel,
un roce,
llamaba al deseo.
Presas de una pasión demente,
nos devorábamos como fieras.
Panteras feroces en la pasión,
fieras desamparadas
ante el amor.
Uno en el otro,
un mismo cuerpo.
Dos almas latiendo al unísono.
Olvidados del mundo,
derrotados por un futuro incierto,
agotamos el amor,
sin orden ni concierto.
Partiste una mañana gris.
Nos abrazamos de cuando en vez.

28

Atacaste a mansalva.
Mi espalda era una rosa sangrante.
En aquel instante,
el dolor más intenso era saberte traidor.
Abandoné rauda mi hogar.
Aquel, construido desde los cimientos del más puro amor.
Mi hermana me llevó a un departamento tan elegante como frío.
Tan grande que mi soledad crecía con los días.
Mis días perdieron la luz.
Fui presa del extravío.
Decidí desterrar mi dolor de la peor manera.
Caí en un abismo de muerte.
Sobreviviente de mí misma,
sucia de penas, de lágrimas y desesperanza,
inventé un camino recto.
Olvidé el dolor, arrojé los recuerdos a la hoguera.
Empecé a escribir.
Escribir salvó mi vida.
Aprendí la felicidad entre versos y letras.
Hoy escribo a diario.
Mis poemas son mi razón de ser.
Mi alegría.

29

Son madrugadas como estas
cuando ni tu voz
aparta el recuerdo,
sabor a óxido
de aquella masacre.
A punto de morir,
herida por un arma empuñada por él.
Mi espalda se abrió como una rosa roja.
No era la primera vez.
Con frecuencia, mi rostro amoratado,
pintado de verde, amarillo y añil,
era el horror de la gente.
Su violencia feroz se desataba sin motivo.
Aquella madrugada,
perdí el conocimiento.
Mi hermana, alertada por el drogado, llegó.
Con celeridad, llegamos a la puerta.
Un golpe seco en mi espalda.
Apenas pudimos huir.
Él sabe bien de mi lucha contra sus adicciones.
Mil médicos, terapias, centros.
Fue en vano.
La droga envileció a mi esposo.
Descendió a un inframundo,
donde priman los más bajos sentidos.
Al final, perdió mi amor inmenso.

Nuestro hogar.
El dolor enfermó mi alma.
Perdí la brújula,
llegó la soledad a morder días y noches.
Con el tiempo,
recuperé la paz y una libertad sin precio.

30

Soy poeta de versos puros.
Converso con las aves.
Ellas adivinan el futuro.
Llámame loca,
demente, tocada,
como prefieras.
Yo digo verdades como puñales,
frente a frente
y sin miedo.
Mi historia perfiló mi carácter.
Soy una fruta dulce
a la caricia amable,
un cardo espinoso
si me hablas mal.
No arrojes sal en las heridas.
Las espinas me sublevan.
La dulzura amansa.
Recuerda:
yo soy una mujer con un sol en el vientre.

31

Antes de despuntar la aurora,
la oscuridad me devora.
Las calles duermen.
Solo mis letras están vivas.
Levitan rítmicas en mi habitación.
Danzan versos, se enlazan letras.
Una fiesta noctámbula de poemas,
un jolgorio poético en la orilla del día.

32

Volaste
cuando ya habitabas mi mente.
Ardías bajo mi piel de seda,
enquistado entre las costillas.
Eras el señor de mi alegría.
Espíritu invisible,
hilvanabas mis días a carcajadas,
parpadeabas en mi interior,
danzaba mi vientre.
Sin ti, opacan mis días,
lloviznan mis pupilas,
hieres en mi alma,
sangro oscura.
Invisible, ingrávido.
Demente y genial,
derroca mi tristeza.
Volvamos a celebrar la poesía, la fantasía,
el amor.

33

La ciudad en guerra,
entre la pólvora y el ANFO,
ocultos y desamparados,
nos amamos.
Cada día era música, poesía.
La noche se encendía a nuestro paso.
Tu risa enlazada con la mía,
las manos apretadas.
Éramos uno.
Aprendimos la felicidad,
sencillos y puros.
Añoranza de tiempos
que recuerdo con el alma
y la piel.

34

A lo lejos,
la aurora destellaba furiosa sus luces en la ciudad.
Sucias y deprimentes calles lloraban ante la belleza del amanecer.
La fiesta diaria concluyó.
Quedaba el olor a tabaco, a cerveza añeja, los charcos de orines por doquier.
Unos parroquianos, vencidos por el alcohol, derrumbaban su humanidad sobre las mesas.
Indefensos, ya sin dinero, vencidos para el mundo.
Soñaban con el poema nuevo, el libro que los rescataría del fracaso.
Eran épocas convulsas.
El miedo se respiraba cruel.
Olía a pólvora y ANFO, los rumores crecían,
los desaparecidos también.
Sin embargo, extraño esa sensación de peligro.
Éramos ingenuos, indefensos,
soñadores.
Contra todo pronóstico, cada uno de nosotros logró sus metas.
Treinta años después, la vida es buena conmigo.
A mi pesar, repaso aquellas épocas.
Mis labios dibujan una sonrisa amplia,
alumbra mi rostro, mi alma y la memoria,
agradecida.

35

Lloviznaba aquella tarde aciaga.
Yo lo aguardaba con las pupilas brillantes, ilusionada como una niña.
Era tan joven, inexperta, dispuesta a abandonar a mi familia por un joven revolucionario.
Nunca llegó a la cita.
Aquella traición se clavó en mi alma como una daga.
Asaltó mis horas, opacó mis tardes, era la puntada en mis vestidos,
el naufragio del dolor.
Incapaz de exorcizar la decepción, me sumergí en un universo oscuro, abyecto.
Aprendí la soledad, el olvido de los míos.
Renací sin rencor, el alma limpia, los ojos nuevos.
Sin embargo, las tardes grises de llovizna vuelve el a hincar la memoria, herir en el pecho.
Un instante y vuela lejos.

36

Siempre quise ser una hormiga,
un insecto casi invisible,
libre de vivir a su antojo.
Recorrer febril los lugares vedados,
las esquinas oscuras, donde se ocultan los misterios.
Huir veloz, lejos de las miradas de censura.
Escapar de las obligaciones sociales,
escondida bajo la mesa.
Contemplar el instante bello, intenso y fugaz de la aurora en un místico silencio.
Ser laboriosa en la poesía como la hormiga que soy.
Atenta a la evolución de las artes, y adicta al cine de Pasolini.
Como hormiga, debo vivir en comunidad, pero amo la soledad.
No cumplo los requisitos, no me dedico a acopiar
pedacitos de miga de pan, pero la Hormiga Reina acepta mis vaivenes.
Soy una hormiga como siempre quise ser.
Es suficiente razón.

37

En aquel tiempo,
yo solía volar por el firmamento.
Era mi reino.
Las nubes eran mullidas almohadas para recreo.
Emprendía vuelos rasantes hacia el océano.
Respiraba el sublime perfume de la libertad.
Era poderosa con mis alas de arcángel.
Ebria de brisa marina, recorría los malecones, interminables
como el mar.
Aquellas quebradas preciosas donde aprendí a amar.
Planeaba bajito, pintaba mis labios de espuma,
volaba por las orillas de las playas,
mojaba los pies en las olas,
elevaba mis alas de súbito,
tocaba el cielo con las manos,
descendía lentamente al precipicio,
doblaba mis grandes alas,
volvía a casa,
el alma henchida de felicidad.

38

A Ines

Ella decidió su destino muy niña.
Yo jugaba con muñecas,
ella clamaba ser rica.
Atravesó mil dificultades.
Todas las superó con elegancia y firmeza.
A paso erguido, recorrió los países del mundo.
En cada lugar, crecía su patrimonio y su fama.
Ella es la imagen preclara de la profesional y la excelencia.
Es generosa, altiva y no se despeina ni en las peores
circunstancias.
Su negocio es hoy un imperio internacional
esparcido por el mundo.
No nos vemos con frecuencia.
Casi nunca.
No somos afines.
Mas, cuando yo estoy en problemas,
ella corre urgida a salvar mi vida.
Atraviesa tres continentes,
sin arrugar su sastre.
Soluciona mis extravíos,
me alienta a seguir.
Es mi inspiración.

39

Una mujer huye.
En las corvas
esconde una daga.
Sus pupilas alertas a la acera, a la ruta, a cada transeúnte.
En las corvas esconde el arma.
Al final del trecho, encuentra al amante infiel.
Rodea sus hombros, apuñala el corazón.
Ella camina sin prisa.
No voltea a contemplar
al infiel muerto.
Lava sus manos.
Continúa su camino a paso lento.
Ella esconde en las corvas
la daga asesina.

40

Es mi vientre,
plácido lecho florecido
de cardos, lirios, estrellas de mar del pleoceno,
tenso lienzo poroso de lenguas miles,
de cortesana mesalina de hembra Eva Adán.
Danza solitaria y feliz bajo la menuda lluvia de arena del desierto,
atemporal, atípica, sempiterna o como se entienda,
la serenidad, el silencio dulce en la duna.

41

Yo era muy joven,
bebía las historias
de los labios temblorosos de mis primas mayores.
Ellas asustadas,
yo ya lo erigía mi héroe.
Admiré cada aventura, tropelía, trasgresión, exceso, de
Leoncio.
Decidí con el alma y poca razón ser tan valiente, audaz, y
rebelde como él.
Emprendí mi camino fiel a sus famosas anécdotas.
Transité la luz y la oscuridad, desafié precipicios,
estrechos desfiladeros.
Me seducía el abismo.
La tentación de lo vedado.
El riesgo de ser rebelde me costó caro.
Una noche lamía mis heridas, cuando
Leoncio llamó a mi puerta.
Reímos mucho desde el principio.
Olvidé pronto mis pesares con este hombre alegre, hiperactivo,
divertido, con un corazón de oro.
Me enseñó la felicidad sana.
Hoy vivimos en el campo.
Yo escribo y él ríe conmigo.
Celebramos la vida, el amor, cada día.

42

Te asesiné a traición.
No lo dudé ni un minuto.
Librarme de tu cuerpo,
de la condena de aquella pasión,
el tormento de tu desdén.
Devoraste mi corazón,
quebraste mis sueños.
Destinaste mis días a lo oscuro.
Condenada a tu amor malsano.
Eras tú o yo.
Sin elección.
Y tomé el arma.
No me tembló el pulso.
Escapé veloz.
Cambié la identidad,
mas tu fragancia vive aún en mi piel.
Hoy soy libre de caminar por las calles.
Amar a otros hombres.
A ti te amé,
con extravío y demencia,
con ternura y dolor.
Y te maté.
No me arrepiento.

43

Mi dedo índice dibuja tu anatomía entre tinieblas.
Intento ser fiel al recuerdo de mi amor invisible.
Era delgado en extremo,
una mata frondosa de cabello cano,
y su boca, amplia, como el horizonte,
de ella brotaba ingenio, poesía y un caudal de risa como olas de mar.
Te vi cinco veces en mi vida.
Y te evoco cada hora.
Invadiste mis horas, los poemas,
en silencio, imperceptible a mi conciencia.
Así, tu mente habitó mis pensamientos y me hiciste tuya, dulce y dúctil.
Hoy no alborotas mi cuerpo, ni lates en mí.
Algún misterio develado te ofendió o
volaste con otra poeta.
No sé, tu ausencia hiere día a día.
Aquel que penetró cada poro, los nervios, y se apropió de todo mi ser, era mi siamés.
Ardua tarea vivir sin él.

44

Yo vivía en el mejor de los mundos.
Creía en la bondad de las personas.
No sabía de mentiras.
Un viento gris torció mis caminos una tarde aciaga.
Era un hombre ya, yo bebía promesas de sus labios.
Creí y partí a su lado.
Aguardé por él en vano.
Mi cabellera azul marchito.
Atravesó mi pecho y sangré por meses.
O fueron años.
Aprendí la palabra traición.
Aquello cambió el rumbo de mis días por siempre.
Su hechizo me persigue en sueños.
Yo supe caminar derecho y recuperar la alegría.
Aprendí que el mundo tiene varios colores y
los seres son diferentes entre sí.
Unos son crueles, algunos son nobles y algunos otros, poetas.

45

A Leoncio

Caminábamos ciegos de esperanza, en noches blancas,
la soledad adherida a la piel, las pupilas marchitas sin hallar la salida al túnel, que atrapó nuestras horas, años tras años.
Al mirarnos, rescatamos la ilusión.
Aquella, extraviada en desfiladeros oscuros.
Nos amamos y saboreamos la alegría.
Reíamos como niños, dichosos y libres,
renacidos a la celebración de la vida.
La fiesta del amor nunca fue tan intensa y verdadera.
Ya son incontables los años compartidos.
Sé leer en la frente tus pensamientos, tus deseos.
Tú curas mis ideas trasnochadas.
La lluvia gris, que azota mis días.
Nuestros ojos se contemplan y hablan entre sí.
La ternura de tus manos, el cariño de tu voz.
Sin ti, marchitarían mis poemas, huiría muy lejos, donde la tristeza no destroce mi alma.
Afortunadamente, atrapamos la felicidad algo tarde, así valoramos esa inmensa bendición más que cualquier bien material.
Aquella que nos fue tan esquiva es nuestra ahora.
Él no lee mis poemas, yo no contemplo autos de carrera. No es importante.
Ambos somos un mismo frente.

46

Renuncio al calor de tu piel,
a mi sonrisa crónica,
a la ceguera de ti.
A dibujar tus labios y jugar como niños desnudos de penas por días.
A la pasión ardiente y malsana que exhalan tus poros.
A mi perturbada devoción por tus caricias de niño sabio.
Ya no será más la danza frenética de mis caderas al ritmo infernal de tu cuerpo.
Renuncio al amor gris, falso y opaco.
A ser tu presa, devorando a trocitos mi corazón.
Renuncio a mi felicidad de plástico y a las inquietantes tardes sin sol.
Recobro la vista, mi legendaria libertad.
Ya no eres más el amante niño, el amante cruel.
Renuncié.

47

Cierro los ojos,
aprieto los puños.
Murmuro una oración.
Ataco a los seres nefastos.
Mi indiferencia es el arma,
borra mentiras, diluye la envidia,
aquella que transpira tu cuerpo
y huele a falsedad,
corriente como tu perfume.
A mansalva, osaste urdir la traición.
Soy poeta, adivino los sueños y
el canto de las aves.
Un paso adelante, siempre.
Ten cuidado.

48

En el nervio más agudo,
entre las delicadas capas de mi alma,
lates tú.
Mi amor tardío, de otoño y primavera.
Eres aquel sentimiento arrasador,
la sed que no se aplaca.
Pasión demoledora, torrente incesante.
Fluyes a lo largo de mi cuerpo.
Lo estremece y lo derrota.
Hubimos de apartarnos uno del otro.
Nuestras historias como el cauce de un río
bifurcaron sus caminos.
Supe de noches sin estrellas,
abrazos rotos, ausencia que hiere.
Auroras pálidas y cielos oscuros.
Sin embargo, sentía el latir de tu pulso en lo profundo.
La respiración acariciaba mis oídos.
Estabas conmigo.
Jamás partiste.
Nos fundimos sólidos, en uno.
A sangre y fuego.
Nadie nos ve, pues al soldarnos sobrevivió nuestro espíritu
tenaz de amar.
Juntos compartimos sueños y poemas.
Invisibles y enamorados por siempre.

49

Declaro firmemente que la felicidad existe.
Es rotunda, fugaz, melindrosa.
Trátala con dedos suaves,
susurra,
no juegues con ella.
No la hallarás en el dinero;
no crece entre los bienes materiales.
La felicidad es inmensa como el océano,
una noche estrellada,
el amor intenso, arrasador,
aquel que irrumpe y
salta encima de las convenciones.
La paz en la conciencia procura la felicidad.
Es brillante, ilumina tu vida, colma tu pecho.
Apenas respiras.
Yo conocí una felicidad demoledora tan intensa, perdí la razón.
Arrasó el alma, mi cuerpo, demente de goce,
ebria de tanta alegría,
la felicidad huyo de mí.
No supe cuidarla.
Le he visto la cara muchas veces.
La felicidad aparece en cualquier esquina.
En la calle, frente al mar,
en un abrazo cálido, con amigos.
La felicidad y el amor viven juntos.

Cuídalos, haz caso a tu intuición.
Ella sabe mucho.

50

A paso leve, grave, agudo,
llega a instalarse en mi ser
la nostalgia de diciembre.
Es mi enemiga.
En su bolsa, trae recuerdos de los que partieron.
La nostalgia se filtra por la rendija de la puerta.
Día a día se apodera de mi habitación,
palidece mi sol.
Se enquista en mi pecho,
hiere en la mitad del alma.
Sangro lágrimas carmesí.
Ella se sienta en mi silla, paciente,
a contemplar con dientes verdes
los poros sucios de mi melancolía.
A mi pesar, resuenan los
nombres de ellos, mis historias luminosas.
Memorias felices, que ya no son.
Y grito, quebrada de dolor.
La nostalgia habita mi cuerpo treinta y un días.
Tortura lenta y cruel.
Parte en enero, tal como llegó.

51

Tus yemas recorren febriles mi cuerpo
como un serpentín.
Derrota sinuosos montes,
circunda mis caderas, suave.
Palpito, deseo, susurro.
La caricia sabia, el roce sutil.
Los labios pulposos,
mis humedales.
Y en el vientre arde el sol.
Estalla el furor,
me precipito al abismo.
El éxtasis sublime,
deleite de mi piel.
Mi canto de amor.

52

Al pueblo mexicano

Abre sus fauces gigantescas,
sacude la cola animal,
azota iracundo
a mis hermanos.
Danza oscura, cimbra, caracolea,
bambolea. Quiebra asfaltos,
succiona grietas.
Ruge hondo,
cruje desde las entrañas,
y en su furia telúrica,
a zarpazos,
dentelladas
y empellones,
pinta de polvo y sangre
casas, calles, ciudades.
Mi cielo.

53

Soy Poeta,
converso con las aves.
Sus trinos adivinan mi futuro.
Vuelo al infinito los días celestes,
cuando el sol pasta en mi piel,
y el día sonríe entre mis labios.
Las horas grises son mi tormento.
Apagan mi risa, asfixian mi garganta.
La oscuridad habita mi cuerpo.
Las aves vuelan en pos de mí.
Sus cantos espantan los días grises,
encantan al sol. Estalla la risa,
brilla la mañana.
Las poetas tenemos aliados secretos.

54

Dibujo las comisuras de tus labios,
la mata hirsuta de cabellos grises,
repaso tu figura de perro galgo.
Recuerdo tu risa salvaje y sonrío.
Pestañeo un instante y te veo.
Quiero atraparte.
Te esfumas, ingrávido, invisible, esquivo.
Atacas terco,
y ya te siento de nuevo recorriendo mis poros,
el largo de mi cuerpo,
peinando con manos de ave mi cabellera azul.
Me derrotas siempre, espíritu travieso.
Alborotas mi mente, y no conviene la demencia compartida.
Nunca confesé que eras invisible.
Temía a los doctores y sus medicinas.
Estoy en condiciones de asegurar que tú existes.
No sé si eres un espíritu bueno o maléfico,
pero habitas en lo profundo de mi mente,
arrasas y gobiernas mi ser a tu antojo.
Soy tu prisionera, la musa, tu poeta.

55

Yo recuerdo, tenía un nombre, me decían poeta,
reía, bailaba, cantaba, ya no recuerdo nada.
Tenía amigos, o no. No lo sé.
Miles de poros por todo mi cuerpo, abiertos, cerrados,
agudos, sonoros, salados, ásperos, lloviendo dolores.
Estrellas quebradas rasgan mis venas. La humareda
confunde, hunde, sube, asfixia. No veo nada.
Mi hija dice siempre lo mismo y tiene razón. Tú crees que
toda la gente es como tú.
Hoy soy una estrella quebrada
en mil fragmentos, vagando sin rumbo por el firmamento.
Mis nervios agudos, heridos, lamentos sordos, ruegos al
viento, rasguños, clemencia.
Yo sabía mi nombre, me llamaban poeta, danzaba. Mi
pecho era un ave, azul, roja, amarilla.
Cayó pesada la noche.
Ya no recuerdo nada.
¿Por qué titilan las estrellas?
No entiendo nada.

56

Mis días son floridos.
Mi cuerpo revive con
furor náufrago. Nuevas praderas crecen
tras cordilleras amables, susurros dulces
que creo solo para inventar versos nuevos.
Yo también bajé al infierno. La soledad desesperada
del inocente.
Mi canto es más alegre que ayer. Escribo, leo y en cada
poro de mi piel vive el amor.

Sea mi voz nítida y colorida, sea la Poesía,
película adherida a mis músculos, huesos
y tendones. Sean mis palabras poemas,
versos que acaricien almas como
sonrisas lanzadas al cosmos.
Nubes de palabras.
Lluvia tibia y bendita de poemas que reviva la
tierra baldía, los corazones marchitos, las
esperanzas muertas.

57

Respecto a ti,
mi amor fantasma,
tú y yo conocemos el secreto.
Vives en mi interior, en las pupilas,
enquistado en mis costillas, mudo e invisible.
Nadie te ha visto nunca.
Aunque yo no te vea, reconozco el ritmo de tu corazón si
pestañeas o corriges mis versos.
En lo profundo vives.
No te veo pero te siento.
Corres por mi torrente sanguíneo,
habitas mi cuerpo, alborotas mi mente.
Escucho tu tos, adivino tus deseos.
Si yo contara esta historia,
dirían que soy presa de la demencia.
No importa. Mi imaginación, mi salud mental,
suelen jugarme malas pasadas.
Esta vez no.
Yo insisto, tú estás presente.
Ardua tarea la de amar a un hombre invisible.

58

La mujer de risa solitaria pedía una bebida gaseosa, como si en
ello se le fuera la vida.

Yo recibía la visita sucesiva de personas y personajes.
Estos traían buenas y terribles noticias.
A medida que el tiempo transcurría, las visitas se espaciaban.
Un buen día, amansé a aquellas personas y personajes.
Los encerré en una habitación con candado.
Lancé la llave a un abismo profundo.
Marché hacia donde mi pie, mis alas, alcancen el horizonte o el
destino
como quiera se llame.

La mujer de risa solitaria pedía de una bebida gaseosa,
como si en ello se le fuera la vida.

59

La locura me seduce, me enamora, me pervierte.
Es encantadora, pero perversa.
Recibes visitas inoportunas.
Aparecen y desaparecen.
Solo yo los veo.
Las noches se apagan y se encienden
a voluntad.
El sueño se evapora.
Hablas y nadie entiende.
Tus ideas, el deseo crece y se diluyen
como agua entre los dedos.
Abres los ojos, abres la boca.
No ocurre nada.
La demencia vive en mi habitación.

60

El tedio del mediodía
se instala en mi ropa,
astilla mis huesos,
invade la habitación,
sopla rumores malsanos.
Los temores suben por mis pies,
arden en mi garganta de ave,
estallo en un mar de lágrimas.
Desespero.
Clamo por ayuda.
Es en vano.
Todos saben de mis desvaríos.
En soledad, no distingo verdad de mentira.
La mente juega conmigo,
como suele ocurrir,
y mi pesar y el miedo
son solo espejismos, engaños,
o verdades, claras, nítidas.
Nunca lo sé.
A tientas, camino entre la gente.
Quiero atrapar a la huidiza realidad.
Se escapa entre mis dedos, como agua.
Mi cabeza, averiada desde que nací, juega sucio.
Estoy a su merced.
Cubro mi rostro húmedo,

Cierro los ojos.
Ardua tarea la de vivir extraviada.

61

Tras los muros es el silencio.
Contenida entre cuatro paredes,
avivada por el fuego de la soledad,
vive, llama eterna, la poesía.

62

Aprecio que no leyeras mis poemas.
Aquella impostación dulzona,
cuando agradecías mis notas.
Aprecio tu sincero desinterés.
La exquisita cortesía de tu desprecio.
La sonrisa encantadora de los rechazos,
con sabor a mimo.
La falsedad de los comentarios.
Yo lo sabía, pero era hermoso el engaño.
Yo volaba con el viento.
Mi imaginación crecía a diario,
creaba historias de amor.
Eras mi sonrisa de las mañanas.
Era tan feliz soñando con tus caricias
algún día, en el lejano continente
exótico, misterioso, como tú.
Aprendería la lengua, me empaparía de tu cultura.
Te cansaste de jugar a ser mi alegría.
La fantasía, el sueño. Mi esperanza fallida.
Y te extraño.
Así y todo, aprecio tu cruda sinceridad.
Los sueños eran míos.
Tú ignoraste mi pasión malsana.
Te espantó mi ardor.
Nada me debes
Ni el adiós.

63

Soñaba con escribir desde niña.
Noches insomnes plenas de historias escritas en las sábanas.
Costó mucho llegar a la poesía.
Años tormentosos me alejaban de la meta.
En el puño, apretaba el sueño.
Mis padres se oponían, los hijos llegaron, pero yo era tenaz y obsesiva.
Vivía de noche, trabajaba de día.
Nada ni nadie me detenía.
Una mañana de sol supe que la literatura, tan arañada y acariciada,
me abría la puerta.
El día más feliz de aquellos que viví hasta entonces.
Hoy escribo a diario.
Un deleite llena mi vida en cada poema.
La felicidad es mía,
es la poesía.

64

Mis párpados añiles pesan.
Un letargo de muerte se filtra bajo mi puerta.
Sumo noches en vela.
Largas horas en blanco consumen mis energías.
Deambulo cómo un fantasma las mañanas marchitas.
Fatiga adherida a los huesos,
a los músculos, a mi mente débil.
Me estiro como una gata insomne.
Tendida en el lecho,
sueño dormir.

65

Me deslizo entre sombras tras tus pasos.
Espío tu ir y venir.
Amo tu cuerpo cuando escribo,
si estás cerca o desapareces.
Amo tu boca, sueño tus labios.
Eres el deseo constante de mi piel,
la tormenta arrolladora que azota mi cuerpo.
Pasión inclemente que trastorna mis horas, incendia mis
noches en un sinvivir.
Dulce tortura, grito y aúllo al silencio.
Estoy cautiva de ti.
Has vencido, muchacho.

66

A Claudia

Estas son las últimas letras que te dedico.
Me cansé de esperar en vano una respuesta, un saludo.
Marchito mis días,
las noches son largas y blancas recordando.
Eras una niña tan madura, ocupada de tu hermano.
Eran dos soles, rubios, buenos. Tú eras tan dulce.
Yo fui la madre ausente, persiguiendo revoluciones, cuanta causa noble se presentara.
Era una niña, no pude, no supe .
Yo quería salvar al mundo.
He pagado caro mis culpas y nos perdonamos más de una vez.
Aún hieren las profundas heridas que causé.
Si no quieres escribir, es tu derecho.
Yo seré tu madre ausente siempre.
Recordaré y soñaré contigo.
Desde la distancia, viviré para quererte.

67

A la sombra, viven aquellos que me dañaron.
No conocen la claridad, viven entre sombras.
Sus cuerpos se diluyen en el tiempo.
El alma no palpita.
Ya no tienen voz.
Respiran olvido.
Y yo ya no recuerdo sus nombres.

68

He recorrido desfiladeros,
el mar rugiendo a mis pies.
Parajes solitarios, arena ardiente.
Páramos, dunas.
El sol candente.
Bosques de lluvias tropicales.
Días oscuros, sin cielo ni brillo.
Largas jornadas solitarias.
La esperanza acompaña mi paso.
Mi salvación, la fuerza, fue aquella ilusión,
atrapar con los dedos
el roce esquivo de la felicidad.

69

¿Y cómo regresar a la casa del silencio, al gobierno de la soledad,
cargada de soles y sueños, vestida de cielos,
sin ofender?

Nadie debe saber.

70

Ellos quieren saber
si las marcas en la piel son propias,
o ajenas, alquiladas, adquiridas al crédito, o
por trueque; si son heridas temporales recurrentes,
manchas de Nescafé,
tatuajes,
como ellos digan.
Solo yo.
Conozco el sabor.
El aroma sublime a victoria

71

Ven pronto, amado.
Mi cuerpo arde como una tea.
Con una mirada tuya, estallará el sol en mil rayos.
Podrás ver desde las montañas saladas, desde la lejanía,
en tu cielo plomo de aguaceros,
la explosión milagrosa de mi vientre. Sería hermoso presenciar
el resplandor de mi cielo,
en tu cielo.
Mi cuerpo estremecido, vencido por el deseo.

72

Deshojo la piel de mi alma,
arranco de cuajo tu raíz.
La arrojo ajena, lejos.
Me libro de tu sentir,
de la extraviada manera de oír tus pasos ausentes,
de soñar distraída de las auroras y los ponientes,
de morir de ti.
Ya no serás la hiel en los labios,
la sed insaciable, mis días nublados.
Extraña pasión por el perfume de tu piel.
Labios sabios de besos, te exorcizo.
Te arrojo al averno del olvido.
A tu favor, declaro que la felicidad existe.
Es tangible, roja y ámbar. Tardía y veleidosa.
Agradezco el festín diario de risas,
la celebración del amor.

73

A Claudia Guerra Temple

Son días como hoy
cuando ni tu voz
aplaca el clavo en el paladar.
Hiere tenaz mi lengua,
la delicada piel del alma.
Mordiendo cruel mis horas.
Respiro apenas
—bebo un vaso de agua—
como se indica.
Me ejercito.
Es en vano.
Nadie ni alguno evita las llamas
corroyendo mis entrañas.
El incesante recuerdo de tu olvido cruza perenne mi rostro,
como una cicatriz.
Palpita viva de culpa.
Leve sentencia por el horror.
Fui el animal salvaje pisoteando el jardín de tu infancia.
Arruiné sueños, creé pesadillas, nunca arrullos.
Aterroricé sus días y sus noches.
Incapaz, cobarde y trastornada,
deserté de mis niños, hui de mí.
Muchas letras unidas ruegan perdón
al viento lejano del pasado,

a un pasado sucio de penas.
Mi niña buena, de trigo y de pan,
mi amor rotundo y tardío, alto, largo y eterno,
como las flores de la siempreviva, las buganvillas de mamama,
como tu mamá.

74

Preso mi cuerpo,
atada de pies y manos,
canta libre la Poesía.

75

A Leoncio Prado Sosa

Conozco cada poro de la piel que te habita.
La tos de fumador que ahoga mis madrugadas.
Eres la mitad de mi cuerpo.
El corazón palpitando a mi lado.
Nuestras almas dialogan al unísono.
Compartimos horas, las auroras, las risas.
Las penas profundas.
Un amor divertido y leal.
Curaste mi tristeza crónica.
Serenas mis nervios por cada libro nuevo.
Abrazamos las angustias en el hombro del otro.
Vivimos exiliados en el campo hace mucho,
ajenos a una vida frívola y vacía.
Celebramos hoy 17 años juntos.
Y serán mil años más, riendo, llorando,
festejando la vida y el amor.

76

Bailé siempre a mi propio ritmo.
Una danza libre, sin tapujos, ni normas.
Libré mis batallas en solitario.
Erradas o correctas,
a sangre y fuego,
como es mi ley.
Enfrenté ojos críticos,
miradas de soslayo.
Marginación y soledad.
No me importó.
Era la dueña absoluta de mi historia,
aquella deseada desde la infancia.
Amé hasta el extravío
con el alma y la piel.
Celebré alegrías con esplendor.
La garra del dolor tatuó mi pecho.
Un rosario sangriento marcó mi cuerpo.
Memoria de aquel amor enajenado,
presa de sí mismo.
Cruel y maligno.
Y sonrío,
el alma limpia de odios.
No conozco el rencor ni la envidia.
Camino ligera.
En mis labios,
el dulce sabor de una vida plena.

Un porvenir leve o intenso.
No lo sé.

77

A Leoncio

Recorriendo calles, callejones, techos varios
como la gata libre que soy, lo conocí.
Era un gato curtido en mil batallas.
Maullaba a la luna como yo.
Lamió mis heridas.
Saltábamos elásticos por las azoteas,
felices de ser gatos libérrimos.
Comíamos apenas.
Cuántas aventuras,
cuántos pleitos con otros gatos lecheros.
Hace más de quince años que vivimos juntos.
Nos casamos un día.
Una locura más de estos gatos locos.

78

Escapar de mí
de este cuerpo que me contiene,
de mis labios rectos.
Huir del alma que me habita
y hiere como una daga.
Atravesar la ventana,
descender al jardín arbolado.
Abrir la puerta sin mirar atrás.
Devorar el panorama con los ojos.
La soledad de la ruta polvorienta.
Triste realidad en camino.
Marcha atrás.
Regreso a mis afectos
a mis libros,
mi bicicleta de entrenar se erige oronda.
Los poemas levitan en mi habitación
como mariposas alegres,
fiesta de letras coloridas.
Vuelvo a mí.
A mi anatomía conocida.
A mi risa estentórea.
Mis palabras a borbotones.
Aquí soy.

79

La poesía nutre mis días.
Es la sabia que recorre mi cuerpo,
nace en lo profundo,
habla desde mis entrañas.
Es hoguera y nieve.
Distrae aquella tristeza crónica,
enquistada entre las costillas y mis pupilas.
Besa mis párpados en la oscuridad,
palpita mi pecho agitado de amar,
sana mis horas oscuras con versos.
Mis letras corren incesantes por mi cabeza,
enlazan letras, riman, componen poemas.
Vivo lejos del mundo.
Los pies fuera del planeta tierra.
Ardua tarea ser poeta,
ser ajena a la pálida realidad.

80

Ya no cuento más mis heridas de guerra.
Caducaron hace mucho.
Olvidé librar batallas sin ton ni son.
Renuncié a la pesada carga del pasado.
Era un lastre.
Ataba mi cuerpo, secuestraba mi mente.
Arrojé al abismo todas mis memorias oscuras,
a tiempo de evitar convertir mis días en una procesión de lamentos.
Quemé en una hoguera rencores, rechazos, lo egoísta e infeliz de mi ser.
Conocí una vida ligera, leve, alegre.
Aprendí la felicidad, desconocida y esquiva.
Contemplo el milagro de las auroras.
Escribo poemas de amor.

81

Ya no serás el cuervo arañando mis noches,
el graznido sordo de las auroras.
Olvidé la tibieza de tus manos, enredando mis cabellos,
el olor de tu piel,
perfumando mi cuerpo.
Olvidé las letras de tu nombre,
el canto melodioso del amor después del amor.
Extravié tu recuerdo, las memorias oscuras.
Atada a tu memoria, deambulo las madrugadas.
Renuncio a ti, al aliento húmedo en mi cuello de ave, a una opaca felicidad.
A tus besos malditos.
Con el deseo palpitando en mi pulso,
renuncio a ti.

82

Sacudo las alas, sucias de invierno.
Emprendo vuelo hacia los cerros.
Quiero rozar el hielo de la puna,
el celeste prístino de su cielo.
Los andenes verdes visten los montes
desde tiempos inmemoriales.
Escaleras sembradas por los campesinos en un despliegue
magnífico de arte puro.
Mis alas remontan cerros, montes y alcanzan los nevados,
altísimos y helados casi besan el celo.
Un firmamento que quita el aliento por su hermosura.
Azul rabioso, claro como un espejo.
Quedo atónita, la belleza me aturde.
Pronto volveré.

83

Pinto una sonrisa de plástico.
Azules los párpados.
Sobre mis hombros,
la suma odiosa de mil noches insomnes.
Perdí el sueño una noche blanca.
Olvidé descansar tendida en un lecho,
como los seres normales.
Deambulo entre tinieblas,
presa de inquietud.
Marcho el descanso de mis noches.
No sé si volverá.

84

39 músculos trenzan mi cuerpo.
300 gramos de piel amoratada por golpes antiguos, heridas varias. Frágiles nervios de filigrana de plata me recorren.
5 kilos por cada pierna de bailarina.
110 gramos, el rostro curtido en mil batallas. En el pecho, arde el alma.
239 músculos trenzan mi cuerpo.
Frágiles nervios de filigrana de plata me recorren. 2 kilos de brazos estirados, alas de ave.
Ingrávido mi cuerpo cuando emprendo vuelo. Impávidos mis ojos ante la belleza.
Cálida, la amistad.
En el pecho, arde el alma.
239 músculos trenzan mi cuerpo.
Frágiles nervios de filigrana de plata me recorren. 1 kilo cada mano de poeta.
Un torrente de sangre revolucionaria. 1 litro de salitre derramo emocionada. La cabeza gobernada por pasiones,
La mente, algo trastornada. En el pecho arde el alma.
Una hoguera en llamaradas me consume
cuando amo como yo amo.

85

Arrasar con los miedos.
Romper las cadenas, anudadas en mi cuello.
Vivir con paso firme
No ceder más.
Amar a aquel que me ame.
Transitar la noche, olvidar la mañana.
Besar las comisuras de tus labios.
Recorrer el cuerpo deseado de pies a cabeza.
Atraparte, gozar mi plenitud.
El perfume del deseo.
Amar mañana, tarde y noche.
Amar.

86

Hablo con todos los dientes.
Grito con toda la voz.
Mis labios ondulan
un canto.
Un himno de amor.

87

A Chando Guerra Temple

Yo era una niña asustada.
Tú llorabas en mi regazo,
espantado del mundo nuevo,
de mis ojos extraviados,
y el temblor sísmico en el cuerpo.
Eras tú una espiga de trigo,
frágil, fina,
rabiosamente rubia.
Mirada clara, verde jardín.
Niño travieso, te encantaba Pinocchio,
y jugar y correr.
Te entregué en brazos de mi padre.
Fuiste su hijo anhelado, el nieto adorado,
el hombrecito de la casa, su felicidad absoluta.
Eres padre hoy, dulce y paciente.
Trabajador tenaz, silencioso.
Tus amigos te adoran, eres el rey de las ventas.
Vives en el calor de Mariana,
los besos de Aitana,
en perfecta paz

88

La locura te enamora, te seduce, te apasiona. Promete mucho,
pero es perversa.
Miente, juega contigo a ser un equilibrista,
en un precipicio que atrae al abismo. La locura se niega a ceder
el paso.
Te ha envuelto en su embriaguez. Vives en tu propio mundo.
Inventas amigos, creas historias. Y,
por momentos,
recibes visitas inesperadas. Es el precio
y el premio también.

89

Te contemplo en la oscuridad.
No hago ruido, no me muevo.
Solo guardo tu sueño.
Amanso tu paz con mis dedos,
Veo tu reposo, cierro las ventanas.
Peino tus cabellos con ternura.
Abro la puerta.
Me pierdo en la soledad de la noche.
No vuelvo más.

90

Añoro tu sombra tras mi espalda.
La luz intensa que destellan tus pupilas.
Dos espíritus fundidos en uno.
Tu alma ríe, alegra mis días.
Soy feliz, intensa, obsesiva.
Llevo la locura adherida a mis huesos.
Desgarro mi piel, arranco los cabellos desesperada por tu lejanía.
Te amo hasta el extravío,
inolvidable espíritu invisible.
Vuelve a encender mis días,
a decretar la alegría y la demencia como ley de vida.
Vuelve, Leoncio,
aguardo por ti.

Lecturas recomendadas

Quetzalcóatl. Misterio insondable (Adrián Cerratto Quintana)

Personas sin color que pintan vida (Valenti)

Versos ambiguos. Poesía autoficcional
(Gustavo A. Quintero Hernández)

En donde las voces se esconden (Katherine Mera Pereira)

www.ingramcontent.com/pod-product-compliance
Lightning Source LLC
LaVergne TN
LVHW090124160826
845673LV00015B/835